Willy Puchner

Unterwegs mit Billy und Lilly

Willy Puchner

Unterwegs mit Billy und Lilly

VERMES-VERLAG

*You may say I'm a dreamer,
but I'm not the only one.*

John Lennon

*Gewidmet all jenen,
die an Tagträume und
an das kleine Glück glauben.*

Willy Puchner

Zu Weihnachten bekommt Anna
eine wunderschöne rote Häsin.
Sofort verliebt sie sich in das kuschelige Stofftier.

Da Anna ihre Häsin Lilly nicht überallhin mitnehmen kann,
wünscht sie sich von Herzen, dass Lilly nicht mehr allein ist.
Nachdem Anna eingeschlafen ist, schwebt ein roter Hase
in einer Walfisch-Gondel über ihrem Bett.

Billy, der rote Hase, balanciert wie ein Seiltänzer
auf einem unsichtbaren Draht.
Er fühlt sich frei – so frei wie ein Vogel auf einer Reise.
Eine Brise streicht sanft über seinen roten Kopf.
Möwen begleiten ihn auf seiner Traumreise,
sie kreisen um ihn herum
und ihre Schreie vermischen sich mit dem Wind.

Billy begegnet einer Prinzessin,
die majestätisch auf einem Elefanten reitet.
Neugierig fragt er:
»Wo kommst du her? Wohin reitest du?«
Die Prinzessin antwortet:
»Ich bin auf dem Weg zu meiner Familie.
Möchtest du mich begleiten?«
Doch Billy möchte lieber allein weiterreisen.

Inmitten des Dschungels trifft Billy
auf ein seltenes Wunder –
den kleinsten Tiger des Universums,
der in einem Wald voller Blumen lebt.
Billy nähert sich vorsichtig dem kleinen Tiger,
streckt seine Hand aus und lässt ihn daran schnuppern.
Leise beginnt der kleine Tiger zu schnurren.

Billy liegt auf einem Holzsteg an einem See.
Er starrt auf einen roten Fleck im Wasser,
kann aber nichts Genaues erkennen.
Er bemerkt nicht, dass aus dem See
ein Ungeheuer mit vielen Köpfen emporsteigt.
Genauso plötzlich, wie es aufgetaucht ist,
verschwindet es wieder in der Tiefe.

In der Nähe des Sees leben Frösche,
die ein friedliches Leben führen.
Billy erzählt ihnen von seiner aufregenden Reise.
Er schwärmt, wie wundervoll es ist, neue Orte zu entdecken.
Die Frösche quaken fröhlich
und berichten von ihrem Leben am Seeufer,
von warmen Sonnentagen und lauten Nächten,
in denen sie ihr Konzert genießen.

Billy ist von exotischen Vögeln umgeben.

Sie zwitschern und piepsen, pfeifen und zirpen, tschilpen und singen.

Als wäre die ganze Vogelwelt auf einer Bühne zusammengekommen,

um Billy zu erfreuen.

Auf einem großen Flügel hoch oben steht

ein neugieriger roter Vogel, der Billy und die anderen Vögel

mit großer Bewunderung beobachtet.

In einer kalten Winterlandschaft
fallen Schneeflocken vom Himmel.
Billy trifft zwei Schneeeulen.
Sie schimmern in ihrem weißen Federkleid.
Billy versteckt sich hinter ihnen,
sodass nur seine flauschigen Hasenohren hervorschauen.
Er muss immerzu grinsen.
Ob die Eule jetzt wie ein Hase aussieht?

Auf einem großen Affen durchquert Billy die Wildnis.

Er hat dem roten Hasen verraten, dass im Dickicht des Urwalds

ein kleiner Schatz vergraben ist.

Dieses Juwel hat magische Kräfte.

Der Affe flüstert Billy ins Ohr:

»Der Clown kann dir mehr darüber verraten.

Er lebt inmitten von weißen Früchten, Pflanzen und Insekten.«

Der Clown erzählt Billy, dass das Juwel

die Fähigkeit besitzt, Wünsche in Erfüllung gehen zu lassen,

indem es die Magie des Urwalds und eines Zauberers nutzt.

Wer den Schatz findet, kann eine Farbe wählen.

»Billy«, sagt der Clown,

»wähle deine Farbe sorgfältig aus.«

Ein Regenbogenvogel erklärt ihm,
dass jede Farbe eine einzigartige Bedeutung hat.
»Überlege gut, welche Farbe du wählst«, zwitschert der Vogel.
»So bedeutet zum Beispiel Violett Kreativität,
Blau steht für Frieden und Ruhe,
Grün für Wachstum und den Reichtum der Natur,
Gelb bringt Glück und Freude
und Rot verheißt Liebe.«

An einem Baum findet Billy einen Spruch:

Der Weg liegt nicht im Himmel.

Der Weg liegt im Herzen.

Lange denkt Billy über den Spruch nach.

Der Spruch ist wie eine Botschaft.

Während er nach oben blickt, fliegen Blätter durch die Luft.

In seiner Brust beginnt es zu pochen.

»O ja«, seufzt Billy, »ich spüre es!

O ja, das ist mein Weg!

Ich muss unbedingt das Juwel finden.«

Billy liebt es, in einem Boot dahinzutreiben
und den Fischen zu lauschen.
Immer wieder hört er ein Glucksen, ein Knirschen,
ein Knurren, ein Blubbern oder auch ein geheimnisvolles Brummen.
»Welche Farbe soll ich wählen?«, überlegt er.
Die vielen Gedanken und die zarten Geräusche
wiegen ihn in den Schlaf.

Endlich trifft er den Zauberer.

Der sagt, dass die Liebe das eigentliche Juwel der Welt sei.

Er rät Billy, die Farbe Rot zu wählen.

Billy ist von diesem Gedanken sehr berührt.

»Ja! O ja! Rot ist die Farbe meines Lebens!«, schreit Billy.

»Rot ist mein Schatz!

Rot ist mein Juwel!«

An einem Apfelbaum lehnt eine rote Häsin.

Billy geht langsam auf sie zu und sagt leise:

»Hallo, ich bin Billy.

Ich habe eine lange Reise durch den Dschungel gemacht.

Ich würde dir gerne mehr davon erzählen.«

»Das freut mich! Ich bin Lilly.

Ich liebe es, Geschichten zu hören.«

»Komm mit mir«, sagt Billy.
»Ich zeige dir eine Zeitmaschine.
Mit ihr können wir gemeinsam in die Zukunft
oder in die Vergangenheit reisen.«
Auf einem Sockel steht das älteste Lebewesen der Welt.
Dieser Schwamm ist zehntausend Jahre alt.
»Das ist Scolymastra joubini«, sagt Billy.
»Was für ein seltsamer Name!«

»Ich möchte mit dir in die Zukunft reisen. Ans Meer!«, sagt Billy.

»Ich möchte mit dir die Wellen hören,

den Möwen lauschen, am Ufer des Meeres sitzen,

am Strand spazieren gehen und dir eine Blume schenken.

O ja, das möchte ich!

Am liebsten sofort!«

»Ich möchte dich meiner Familie vorstellen!«, sagt Billy.
»Dieses Foto ist eine Reise in die Vergangenheit,
da siehst du uns alle zusammen,
wie wir in die Kamera blicken.
Ein Gruppenbild.«

Billy und Lilly entdecken schnell eine gemeinsame Leidenschaft.
Mit Freude lauschen sie den Klängen der Violine.
Sie beide lieben klassische Musik,
aber auch Volksmusik.
»Ich mag Wolfgang Amadeus Mozart
und Ludwig van Beethoven«, sagt Billy.
»Und mir gefällt irische Volksmusik!«, sagt Lilly.

Billy und Lilly entdecken noch eine Leidenschaft,
die sie teilen – das Tanzen.
Am liebsten zu moderner Musik.
Und sie kann auch laut sein!
Die bunten Lichter und der Rhythmus der Musik ziehen sie in ihren Bann.
Nun sind sie im Hier und Jetzt angekommen.
Sie tanzen ausgelassen die ganze Nacht.

Schon am nächsten Tag erzählen sie einander,
was sie alles gerne miteinander spielen möchten.
»Ich mag am liebsten das Spiel Go«, sagt Billy.
»Es ist eines der ältesten Brettspiele der Welt.«
Lilly ist neugierig geworden:
»Willst du es mir zeigen?«

In einem Wohnzimmer sitzen sie nebeneinander
und schweigen. Je länger sie miteinander still sind,
umso stärker spüren sie sich selbst, aber auch den anderen.
»Lass uns die Augen schließen«, sagt Lilly,
»und sage nichts, dann bleibt die
Zeit für Augenblicke stehen.«

Billy erzählt, wovor er am meisten Angst hat
und was er trotzdem gerne einmal machen möchte:
hoch hinauf und mit einem Ballon dahingleiten.
»Ich helfe dir«, sagt Lilly. »Ich habe keine Höhenangst.
Wie geht es dir damit?«
Billy lächelt:
»Wenn du dabei bist, ist alles etwas besser!«

»Ich möchte dir noch so viel erzählen«, sagt Billy.

»Ich dir doch auch«, antwortet Lilly.

Lange schauen sie einander in die Augen.

Übermütig jauchzt Billy:

»Nicht schlecht, Herr Specht, so ist es recht!«

Und Lilly beginnt zu singen:

»Kuckuck! Kuckuck! Ruft's aus dem Wald!«

Billy und Lilly genießen immer wieder
das Schauspiel der Vögel am Himmel.
Sie beobachten einen Vogelschwarm.
Während sie lange in den Himmel schauen,
nimmt Billy die Hand von Lilly und drückt sie.
Gemeinsam schlafen sie langsam ein.

Anna ist aufgewacht.

Es ist früh am Morgen, draußen zwitschern die Vögel,

und Anna und Lilly liegen unter einer Bettdecke.

»So schön«, sagt Anna zu Lilly.

»So schön!

Nun kennst du Billy, diesen abenteuerlichen Hasen.

Ich muss jetzt in die Schule.

Ich komme bald wieder.

Bis zum Abend, meine Lilly!«

Nachwort für große Kinder

Mich interessieren Mythen, Geschichten und Erlebnisse, weniger das Sensationelle, eher die Stille und vor allem stille Wasser; auch Schutzwände interessieren mich, Schleier, die etwas durchschimmern und Fragen offen lassen, Figuren, die über sich hinauswachsen, dienstbare Geister und ähnliche begehrenswerte Gestalten.

Ich liebe Träume, Wunschbilder, Illusionen und fliegende Menschen, Narren und kleine Banditen. Bilder und Bühnenbilder fesseln mich, immer dieselbe Bühne mit jeder Art von Schauspielern oder Statisten.

Auch Tiere sollen vorkommen, Vierfüßler, Vögel, Fische, Kreaturen oder sonstige Geschöpfe und vor allem Hasen, am besten rote Hasen.

Willy Puchner, 2024

Willy Puchner arbeitet als freischaffender Fotograf, Zeichner und Autor. Nach dem Studium der Philosophie folgte er seinen Sehnsüchten und bereiste die weite Welt.

Er hat viele Bücher veröffentlicht, zeigt seine Bilder in Ausstellungen, publiziert in Zeitschriften, veranstaltet Workshops und hält Vorträge.

Veröffentlichungen (u. a.): »Die Sehnsucht der Pinguine«, »Tagebuch der Natur«, »Welt der Farben«, »ABC der fabelhaften Prinzessinnen«, »Unterwegs, mein Schatz!«, »Fabelhaftes Meer«, »Willys Wunderwelt«, »Mein Kater Tiger« und »Ich bin …«.

Zahlreiche Preise und Auszeichnungen, zuletzt erhielt er 2022 den Österreichischen Kunstpreis in der Sparte Kinder- und Jugendliteratur.

Willy Puchner lebt zurzeit in Oberschützen, Burgenland.

www.willypuchner.com

Der Vermes-Verlag wird im Rahmen der Kunstförderung des Bundesministeriums für Kunst, Kultur, öffentlichen Dienst und Sport unterstützt.

Sollte diese Publikation Links auf Webseiten Dritter enthalten, so übernehmen wir für deren Inhalte keine Haftung, da wir uns diese nicht zu eigen machen, sondern lediglich auf deren Stand zum Zeitpunkt der Erstveröffentlichung verweisen.

Wir danken der Abteilung für Kunst und Kultur der NÖ Landesregierung für die Unterstützung.

1. Auflage 2024
© 2024, Vermes-Verlag Ges.m.b.H.
Bahnhofstraße 8, 3430 Tulln an der Donau
Alle Rechte vorbehalten.
Layout: Willy Puchner
Lektorat: Anke Weber
Satz und Reproduktion: Lorenz+Zeller GmbH, Inning a. A.
Druck: GrafikMediaProduktionsmanagement GmbH, Köln
Gedruckt in der EU

ISBN 978-3-903300-91-0

www.vermes-verlag.com